Das Juwel
des Himmels
ist die Sonne,
das Juwel
des Hauses
ist das Kind

Chinesisches Sprichwort

Schön, wenn dieses Juwel gesund ist. Leider haben nicht alle Kinder dieses Glück und die Zahl derer, die an der schrecklichen Krankheit Krebs erkranken, steigt ständig. Betroffenen Kindern und ihren Familien wenigstens ein bißchen helfen, das konnte ich schon mit dem bisherigen Erlös meines ersten Buches. Angespornt von dessen Erfolg habe ich mich entschlossen, wieder eine Rezeptsammlung zusammenzustellen, diesmal mit Kochrezepten – passend für jeden Tag. Ich hoffe, daß Sie viel Freude daran haben werden.

Bedanken möchte ich mich bei

- Uschi und Toni Pammer vom Eichendorf Verlag, die meine Arbeit mit Verständnis und immenser Geduld förderten,
- Hildegard Kölzer für die tatkräftige Unterstützung beim Vertrieb,
- allen, die mir beim Verkauf behilflich sind, da sie dies ohne Eigennutz tun, was in der heutigen Zeit nicht so selbstverständlich ist,

und vor allem bei Ihnen für den Kauf des Buches.

Gabriele Hirner-Herrmann

Liebe Käufer dieses Buches!

Daß man mit Kochbüchern für die Kinderkrebshilfe sehr viel erreichen kann, hätte ich nie und nimmer gedacht. Aber meine Rezeptsammlung von vier Back- und Kochbüchern hat es bewiesen. Täglich freue ich mich darüber, daß sehr viele Menschen an den von mir geschriebenen Büchern Gefallen gefunden haben. Am meisten freue ich mich darüber, daß ich in Ihrem Namen und vor allem durch Ihre Mithilfe die Gelegenheit und das Glück hatte, 3,5 Millionen DM an Familien zu spenden, die von unermeßlichem Leid getroffen sind und vielleicht dadurch etwas helfen konnte. Ich persönlich glaube, die Gnade Gottes ist die Begründung meiner Verkaufsstatistik; denn anders kann ich mir den Erfolg nicht erklären. Dem Herrgott und Ihnen, liebe Kunden, sei ein herzliches Dankeschön gesagt.

Vielen Dank für Ihre Hilfe!

Ich freue mich ganz besonders, daß es Menschen gibt, die von selbst der Thematik „Krebs bei Kindern" etwas nahegekommen sind und die ebenfalls zu dem Entschluß gekommen sind, gegen diese Not, die sich in so mancher Familie abspielt, etwas zu tun. Aus diesem Grund ist es mir und dem „Verein zur Förderung und Unterstützung von Familien krebskranker Kinder Dingolfing-Landau e.V." eine Freude, uns für dieses Kochbuch auszusprechen. Gleichzeitig sagen wir Dankeschön an das Ehepaar Hirner-Herrmann, das den Verein und damit krebskranke Kinder mit dem Verkaufserlös dieses Kochbuches unterstützt.
Ein herzliches Dankeschön ergeht an Gabriele Hirner-Herrmann, die ganz allein viel Arbeit in ihrer Küche für das Buch auf sich nahm, um Ihnen schmackhafte Spezialitäten zu präsentieren. Von ganzem Herzen sage ich auch Hans Herrmann Dankeschön für die Unterstützung, in Gemeinschaftsarbeit mit seiner Frau das Werk liebevoll zu erstellen. Vielen Dank für das Verständnis sei auch den Söhnen Sebastian und Maximilian gesagt, die für die Zeit der Erstellung des Buches gelegentlich auf Papa und Mama verzichten mußten. Ich wünsche allen für die Zukunft alles erdenklich Gute und dem Buch und seiner Mission viel Erfolg.

Im Namen der Vorstandschaft des Fördervereins Dingolfing-Landau bedanke ich mich recht herzlich.

Gutes Gelingen bei allen Rezepten wünscht

Hildegard Kölzer

Meine Adresse lautet:

Vorname

Name

Straße

PLZ, Ort

Datum

Unterschrift

Bitte
mit
DM 1,–
frankieren!

ANTWORT

Frau
Gabriele Hirner-Herrmann
Sudetenstraße 13

94405 Landau a. d. Isar

Meine Adresse lautet:

Vorname

Name

Straße

PLZ, Ort

Datum

Unterschrift

Bitte
mit
DM 1,–
frankieren!

ANTWORT

Frau
Gabriele Hirner-Herrmann
Sudetenstraße 13

94405 Landau a. d. Isar

BESTELLUNG

Ich bestelle zur sofortigen Lieferung per Rechnung zum Preis von DM 25,– pro Exemplar zuzüglich einmaligem Versandkostenanteil von DM 4,– folgende Bücher:

G. Hirner-Herrmann

Hildegard Kölzer

Ex

„Backen für jede Gelegenheit"

Ex

„Kochen für jeden Tag – und jedermann"

Ex

„Fröhliche Backzeit – nicht nur an Weihnachten"

Ex

„Salate, Snacks und schnelle Gerichte"

Ex

„Kuchen und Torten" mit Früchten der Saison

Ex

„Plätzchen und Lebkuchen"

Ex

„Meine bayerischen Schmankerl"

Ex

„Kuchen und Torten aus dem Vilstal"

BESTELLUNG

Ich bestelle zur sofortigen Lieferung per Rechnung zum Preis von DM 25,– pro Exemplar zuzüglich einmaligem Versandkostenanteil von DM 4,– folgende Bücher:

G. Hirner-Herrmann

Hildegard Kölzer

Ex

„Backen für jede Gelegenheit"

Ex

„Kochen für jeden Tag – und jedermann"

Ex

„Fröhliche Backzeit – nicht nur an Weihnachten"

Ex

„Salate, Snacks und schnelle Gerichte"

Ex

„Kuchen und Torten" mit Früchten der Saison

Ex

„Plätzchen und Lebkuchen"

Ex

„Meine bayerischen Schmankerl"

Ex

„Kuchen und Torten aus dem Vilstal"

Inhaltsverzeichnis

Brühe mit Eiern und Brot ... 8
Kartoffel-Tomatensuppe mit Basilikumsahne ... 10
Saure Suppe ... 12
Eiersalat mit Käse ... 14
Friséesalat mit Bacon ... 16
Geflügelsalat ... 18
Griechischer Salat ... 20
Nudelsalat und Wurstsalat ... 22
Reissalat ... 24
Salade Niçoise ... 26
Spaghettisalat ... 28
Tortellinisalat ... 30
Zwiebel-Bohnen-Salat ... 32
Russische Eier mit Lachs ... 34
Italienisches Weißbrot ... 36
Knoblauchbrot ... 38
Kräuterbutterbaguett ... 40
Laugenbrezen ... 42
Kümmelstreichkäse ... 44
Tsaziki und Frühlingsquark ... 46
Milchrahmstrudel ... 48
Mohnnudeln ... 50
Semmelschmarrn ... 52
Zuckernudeln ... 54
Cevapcici ... 56
Chinesisches Rindfleisch ... 58
Frühlingsgratin ... 60
Gulasch ... 62
Hackbraten in Blätterteig ... 64
Kindertoast und Käseigel ... 66
Lasagne ... 68
Leber italienisch ... 70
Minestrone ... 72
Nudeln mit Schinken-Sahne-Sauce ... 74
Paprikapfanne ... 76
Paprikaschnitzel ... 78
Pizza ... 80
Pizzabrötchen ... 82
Rinderbraten mit Meerrettichsahne ... 84
Saltimbocca ... 86
Saure Zipfel ... 88
Schinkennudeln ... 90
Schweinefilet chinesisch ... 92
Spaghetti mit scharfer Sauce ... 94
Steak Feinschmecker Art ... 96
Überbackener Blumenkohl ... 98
Überbackene Schnitzel ... 100
Yorkshire-Pudding ... 102
Zucchiniburger ... 104
Züricher Geschnetzeltes mit Kartoffelwürfeln ... 106
Bananenschaum ... 108
Birnenkompott italienische Art ... 110
Dickmilch mit Sauerkirschen ... 112
Englischer Apple-Crumble mit Vanillesauce ... 114
Flambierter Ananasgratin ... 116
Joghurt-Weincreme mit Obstsalat ... 118
Mousse au chocolat ... 120
Orangensalat mit Sekt ... 122
Schneenockerl auf Heidelbeersauce ... 124
Tiramisu ... 126
Vanillecreme auf Rotweinsauce ... 128
Weißweincreme ... 130
Zitronenschaum ... 132
Wiener Kaffee ... 134

Brühe mit Eiern und Brot

Zutaten

4 Scheiben Kastenweiß- oder Toastbrot,
1 Liter klare Fleischbrühe (nicht zu fett),
2 Eßlöffel Butter, 4 Eier,
frisch gemahlener Pfeffer,
geriebener Parmesankäse

Zubereitung

Backofen auf 200° C vorheizen.
Die Fleischbrühe erhitzen. Inzwischen die Butter in einer Pfanne zerlassen, die Brotscheiben darin goldbraun rösten, in 4 ofenfeste Suppenteller verteilen. Jeweils 1 Ei darüber aufschlagen und die Teller sofort in den Ofen schieben, bis das Eiweiß stockt. Über jede Portion eine Schöpfkelle der kochendheißen Brühe geben. Mit Pfeffer bestäuben, mit Parmesan bestreuen und sofort servieren.

Kartoffel-Tomatensuppe mit Basilikumsahne

Zutaten

1 Zehe Knoblauch,
15 g Butter, 500 g Kartoffeln,
1 Dose geschälte Tomaten (Füllgewicht 400 g),
$^{1}/_{2}$ Liter Brühe, Salz, Pfeffer,
125 g Schlagsahne,
1 Bund frischer Basilikum

Zubereitung

Kartoffeln schälen, längs vierteln und kleine Würfel schneiden.
Butter in einem Topf erhitzen, den geschälten und sehr klein gehackten Knoblauch zusammen mit den Kartoffelwürfeln zugeben. Unter Rühren kurz anbraten. Mit der Brühe aufgießen, aufkochen lassen.
Die Dosentomaten in kleine Stücke schneiden, zusammen mit dem Saft zur Kartoffelsuppe geben.
Solange köcheln lassen, bis die Kartoffeln weich sind und beginnen zu zerfallen. Mit Salz und Pfeffer würzen.
Sahne steif schlagen. Basilikum fein wiegen, unter die Sahne rühren. Suppe mit der Basilikumsahne servieren.

Saure Suppe

Zutaten

1 Liter Wasser,
4 gehäufte Eßlöffel Mehl,
600 g Dickmilch,
Salz,
100 g Sauerrahm

Zubereitung

Von dem kalten Wasser 1/4 Liter abnehmen, den Rest zum Kochen bringen. Mehl mit dem abgenommenen Wasser gut verrühren. Den Mehlbrei in das kochende Wasser einrühren. Die Mehlsuppe vom Herd nehmen, salzen, und die Dickmilch langsam unter ständigem Rühren zugeben. Nochmals aufkochen lassen und den Sauerrahm zugeben.

Beilage:
Pellkartoffeln

Eiersalat mit Käse

Zutaten

5 Eier, 200 g Gouda-Käse,
100 g gekochter Schinken (aufgeschnitten),
1 Bund Radieschen, ca. 2 Handvoll Friséesalat
<u>Dressing:</u> 1 Teelöffel Dijon-Senf,
3 Eßlöffel Kräuteressig, Salz und Pfeffer,
6 Eßlöffel Olivenöl, 1 Frühlingszwiebel,
1 Eßlöffel Kapern
<u>zum Anrichten:</u> 1 Kästchen Kresse

Zubereitung

Eier in ca. 10 Minuten hartkochen, kalt abschrecken. Erkalten lassen, schälen, dann achteln. Den Käse und den Schinken in feine, kurze Streifen schneiden.
Radieschen waschen, in feine Scheiben schneiden.
Den Friséesalat waschen, trockenschleudern, in ca. 5 cm lange Stücke zerpflücken.
Für das Dressing den Essig mit Senf, Salz und Pfeffer in einer großen, weiten Schüssel verrühren. Eßlöffelweise das Öl unterziehen. Die Frühlingszwiebel in dünne Scheiben schneiden und zusammen mit den Kapern in das Dressing geben.
Der Reihe nach erst den Frisée, dann die Radieschenscheiben, den Schinken und die Käsestreifen vorsichtig untermischen.
Mit den Eiern verzieren, und mit Kresse bestreuen.

Friséesalat mit Bacon

Zutaten

1 Friséesalat, 2 Mohrrüben, 3 kleine Tomaten,
3 hartgekochte Eier, Salz, 1 Scheibe Toastbrot,
1 Knoblauchzehe, 1 gelber Paprika,
150 g Bacon (in Scheiben geschnittener
geräucherter Bauchspeck)
Dressing: 1 Eßlöffel Dijon-Senf, Salz, Pfeffer,
1 Eßlöffel Weißweinessig, Olivenöl

Zubereitung

Knoblauchzehe halbieren. Toastbrot toasten, abkühlen lassen. Mit einer Hälfte der Knoblauchzehe eine weite Schüssel oder Platte einreiben, mit der anderen Hälfte beide Seiten des Toasts. Diesen in kleine Würfel schneiden. Die Eier schälen, mit einer Gabel zu Krümel zerdrücken, salzen. In der Schüssel oder auf der Platte die Friséeblätter anrichten. Darauf die in Scheiben geschnittenen Mohrrüben, die geachtelten Tomaten, den in Streifen geschnittenen Paprika, die Toastwürfel und das Ei geben. Die Baconscheiben in einer Pfanne ohne Fett auf mittlerer Hitze knusprig braun braten, auf dem Salat anrichten.
Dressing: Senf, wenig Salz, viel Pfeffer und Essig verrühren. Eßlöffelweise unter Rühren soviel Olivenöl zugeben, daß 1/8 Liter Dressing entsteht. Entweder das Dressing vorsichtig über den Salat löffeln oder extra servieren.

Geflügelsalat

Zutaten

1 ganzes Grillhähnchen (fertig gekauft),
die Hälfte eines kleinen Eisbergsalates,
1 Frühlingszwiebel, 1 rote Paprikaschote,
½ Salatgurke, 2 Tomaten, 1 Dose Mais
Dressing: 1 reife Avocado, 1 Eßlöffel Zitronensaft,
1 Knoblauchzehe, 1 Bund Petersilie,
200 g saure Sahne, ½ rote Chilischote (frisch),
Salz, Pfeffer, 2 Eßlöffel Olivenöl

Zubereitung

Das Hähnchenfleisch von den Knochen lösen, in feine Streifen schneiden. Den Eisbergsalat in ca. 2 cm breite Streifen, die Frühlingszwiebel in Scheiben und die Paprikaschote in längliche Streifen schneiden. Gurke schälen, vierteln, Kerne entfernen, in Scheiben schneiden. Tomaten achteln. Mais abtropfen lassen.
Sämtliches Gemüse mit dem Hühnerfleisch locker vermischen.
Für das Dressing den Knoblauch schälen und zusammen mit der Chilischote grob zerschneiden. Petersilie von den Stielen zupfen. Avocado halbieren, entkernen, Fruchtfleisch herauslösen. Knoblauch, Chili, Petersilie, Avocado, saure Sahne, Zitronensaft, Salz und Pfeffer miteinander im Mixer oder mit dem Pürierstab pürieren. Öl hinzugeben und leicht schaumig schlagen.
Salat und Dressing nicht zusammenmischen, extra zu Tisch geben.

Griechischer Salat

Zutaten

1 Salatgurke, 4 Fleischtomaten,
1 Glas Fetakäse in Öl, 1 große Zwiebel,
ca. 20 schwarze Oliven,
1 Eßlöffel getrockneter, gerebelter Oregano
Dressing: 4 Eßlöffel Weißweinessig,
8 Eßlöffel Olivenöl, Salz,
einige Spritzer flüssiger Süßstoff,
4 Eßlöffel Wasser

Zubereitung

Gurke schälen, längs halbieren und in dünne Scheiben schneiden. Tomaten halbieren, in kleine Stücke schneiden. Zwiebel schälen und in feine Ringe schneiden. Alles zusammen in eine Schüssel geben. Den Fetakäse abgießen, mit den Oliven dazugeben. Mit dem Oregano überstreuen.
Alle Dressingzutaten miteinander verrühren und den Salat damit übergießen. Gut durchmischen und ca. 30 Minuten ziehen lassen.

Nudelsalat und Wurstsalat

Zutaten

Nudelsalat (im Bild links): 200 g Nudeln (Gabelspaghetti, Spirelli, o. ä.), 1 Dose Maiskörner, 150 g Kochsalami, 1 rote Paprikaschote, 2 Becher weißer Joghurt, 4 Eßlöffel Weißweinessig, Salz, Pfeffer

Wurstsalat (im Bild rechts): 1 Lyoner, 250 g Emmentaler, 4 Frühlingszwiebeln, ca. 10–15 eingelegte Cornichons. Dressing: 6 Eßlöffel Weißweinessig, 6 Eßlöffel Wasser, Salz, Pfeffer, einige Spritzer flüssiger Süßstoff oder Zucker, 1/2 Teelöffel Paprikapulver, 4 Eßlöffel Pflanzenöl

Zubereitung

Nudelsalat: Nudeln al dente kochen, abgießen, abkühlen lassen. Die Kochsalami in kleine Würfel schneiden. Paprika waschen, entkernen und in feine kleine Streifen schneiden. Maiskörner abtropfen lassen.
Joghurt mit Essig, Salz und Pfeffer cremig rühren, Paprikastreifen, Kochsalamiwürfel und die Maiskörner unterrühren.
Zum Schluß die Nudeln unterheben.

Wurstsalat: Lyoner häuten, längs halbieren, in feine Scheiben schneiden. Emmentaler in kleine Würfel, Frühlingszwiebeln in feine Ringe und die Cornichons in längliche Scheiben schneiden.
Alle Dressingzutaten miteinander verrühren, über die vorbereiteten Salatzutaten geben, alles gut miteinander vermischen und für ca. 1/2 Stunde durchziehen lassen.

Reissalat

Zutaten

125 g Langkorn-Wildreismischung,
200 g tiefgefrorene Erbsen,
1 rote Paprikaschote,
Salz
Dressing: 1 Eßlöffel Dijon-Senf, Salz, Pfeffer,
1 Eßlöffel Weißweinessig, Olivenöl

Zubereitung

Reismischung nach Packungsaufschrift in Salzwasser garen, in einem Sieb abschrecken und gut abtropfen lassen. Die Erbsen in Salzwasser kochen, abgießen, abkühlen lassen. Paprikaschote putzen, in kleine Stücke schneiden. Alles vermischen.
Für das Dressing Senf, Salz, Pfeffer und Essig verrühren. Eßlöffelweise unter Rühren soviel Olivenöl zugeben, daß 1/8 Liter Dressing entsteht. Über die Reismischung geben, gut vermischen und ca. 30 Minuten durchziehen lassen.
Dieser Salat eignet sich gut als Beilage zu Gegrilltem.
Abwandlung zu Hauptgericht: 200 g kaltes Fleisch eines fertigen Grillhähnchens in kleine Stücke schneiden und zugeben. Nicht mehr das Senfdressing dazugeben, sondern eine Joghurtmarinade, bestehend aus: 150 g weißer Joghurt, 3 Eßlöffel Sahne, 1 Eßlöffel Weißweinessig, Salz, Pfeffer, 1 gestrichenen Teelöffel edelsüßes Paprikapulver. Alle Zutaten gut miteinander verrühren und über die Reis-Gemüse-Fleisch-Mischung geben.

Salade Niçoise

Zutaten

3 mittelgroße, festkochende Kartoffeln, 150 g grüne Bohnen, 2 Mohrrüben, 1 Zwiebel, 1/2 Gurke, 3 Tomaten, 1 Chicorée, 2 Handvoll Friséeblätter, 1 Dose Thunfisch in Öl, 8 Sardellenfilets in Öl, ca. 20 Stück schwarze Oliven, 4 hartgekochte Eier
Dressing: 1 Teelöffel Dijon-Senf, 3 Eßlöffel Rotweinessig, 1 Messerspitze geriebenen Meerrettich, Salz, Pfeffer, 6 Eßlöffel Olivenöl, 2 Eßlöffel heißes Wasser, 1 Knoblauchzehe

Zubereitung

Kartoffeln schälen, kochen, abkühlen lassen. Dann in Scheiben schneiden. Die Bohnen putzen, in ca. 5 cm lange Stücke schneiden, in Salzwasser ca. 8 Minuten gar kochen. Abgießen, abtropfen und erkalten lassen.
In einer großen, weiten Schüssel den Senf mit Essig, Meerrettich, Salz und Pfeffer verrühren, langsam unter Rühren das Olivenöl zugeben. Dann das Wasser unterrühren und den durch die Presse gedrückten Knoblauch. Auf diese Marinade der Reihe nach den Frisée legen, dann die in Scheiben geschnittenen Kartoffeln, Bohnen, die in dünne Scheiben gehobelten Mohrrüben, die fein geschnittene Zwiebel, die geachtelten Tomaten, die geschälte, halbierte, in dünne Scheiben geschnittene Gurke. Chicorée vom Strunk befreien, in ca. 1 cm dicke Scheiben schneiden, dazugeben. Den Thunfisch und die Sardellenfilets abtropfen lassen. Thunfisch in kleine Stücke zerteilen, zusammen mit den Sardellenfilets und den Oliven in die Salatschüssel geben, alles vorsichtig mit der Marinade vermischen. Die Eier schälen, vierteln und drauflegen.

Spaghettisalat

Zutaten

250 g Spaghettinudeln, Salz,
4 sehr reife Tomaten,
ca. 20 Stück schwarze Oliven,
120 g Parmaschinken
Dressing: 3 Eßlöffel Olivenöl,
1 Eßlöffel Weißweinessig,
1 1/2 Eßlöffel Pesto (italienische Basilikumpaste)

Zubereitung

Nudeln in Salzwasser al dente (bißfest) kochen. In einem Sieb abgießen, abtropfen lassen. Das Olivenöl mit dem Essig und dem Pesto gut verrühren. Über die abgetropften Spaghettinudeln geben, gut untermischen und abkühlen lassen. Tomaten in ganz kleine Stücke schneiden, mit den Oliven zu den Nudeln geben. Schinken in feine Streifen schneiden, unter die Nudeln mischen. Diesen Salat möglichst sofort servieren.

Tortellinisalat

Zutaten

250 g Tortellini, Salz,
200 g kleine Mozzarellaperlen,
200 g Cocktailtomaten, 2 Frühlingszwiebeln
Dressing: 3 Eßlöffel Weißweinessig,
1 Eßlöffel Balsamessig, 1 Eßlöffel trockener Sherry,
einige Spritzer flüssiger Süßstoff oder
1 Prise Zucker, Salz und Pfeffer,
7 Eßlöffel Olivenöl, 1–2 Knoblauchzehen

Zubereitung

Tortellini in Salzwasser al dente (bißfest) kochen. Abgießen, abschrecken, abtropfen und erkalten lassen.
Die Cocktailtomaten waschen und halbieren. Die Frühlingszwiebeln mitsamt einem großen Teil des grünen Lauchs in feine Ringe schneiden.
Für das Dressing die beiden Essigsorten mit dem Sherry, mit Salz, Pfeffer und Zucker verrühren. Das Öl darunter verschlagen. Den Koblauch schälen und durch die Presse hineindrücken.
Die Tortellini mit den Mozzarellaperlen, Tomaten und Frühlingszwiebeln in eine Schüssel geben.
Die Marinade vorsichtig daruntermengen und ca. 20 Minuten durchziehen lassen. Ab und zu umrühren.

Zwiebel-Bohnen-Salat

Zutaten

2 Dosen weiße Bohnen (Abtropfgewicht je 250 g),
4 große weiße Zwiebeln, Salz,
3 Tomaten, ca. 20 Stück grüne Oliven,
1 Bund Petersilie
Dressing: 1 Eßlöffel Zitronensaft, 3 Eßlöffel Weißweinessig, 3 Teelöffel Paprikapulver, Salz und Pfeffer, 8 Eßlöffel Olivenöl

Zubereitung

Bohnen in einem Sieb gut abtropfen lassen, auf eine flache Platte geben.
Zwiebeln in feine Ringe schneiden, mit viel Salz bestreuen und zwischen den Händen kräftig reiben (Gummihandschuhe anziehen), 10 Minuten ziehen lassen. Dann in einem Sieb unter fließend kaltem Wasser waschen, gut ausdrücken und abtropfen lassen. Auf den Bohnen verteilen.
Petersilie hacken, über die Zwiebeln streuen.
Tomaten achteln und zusammen mit den Oliven auf dem Salat verteilen.
Alle Dressingzutaten gut miteinander vermischen und auf den Salat träufeln. Zugedeckt im Kühlschrank mindestens 30 Minuten ziehen lassen.

Russische Eier mit Lachs

Zutaten

200 g geräucherter Lachs, 6 Eier,
ca. 100 ml Sahne, Salz, Pfeffer, Paprikapulver,
etwas Schnittlauch
<u>Verzierung:</u> Cornichons, Sardellenfilets,
rote Paprikaschote
<u>Fliegenpilze:</u> pro Pilz 1 Ei, 1 mittelgroße Tomate,
fertige Remoulade aus der Tube, evtl. etwas Kresse

Zubereitung

Alle Eier hartkochen, abschrecken, schälen und abkühlen lassen.
4 Eier vorsichtig halbieren, Eigelb auskratzen und in eine hohe Rührschüssel geben. 2 Eier ganz dazugeben. Mit soviel Sahne pürieren, bis eine spritzfähige Masse entsteht. Mit Salz, Pfeffer, Paprikapulver und feingeschnittenem Schnittlauch würzen. In Spritzbeutel mit Sterntülle geben, die Hohlräume der halbierten Eier mit der Masse großzügig ausspritzen. Nach Belieben verzieren, auf einer Servierplatte zusammen mit dem Lachs anrichten.

<u>Fliegenpilze:</u> Pro Pilz 1 hartgekochtes Ei schälen, die untere Kappe abschneiden, so daß es gut steht. Von der Tomate das untere Drittel (mit Stielansatz) abschneiden, das Oberteil aushöhlen und mit Küchenkrepp austrocknen. Tomate auf das Ei setzen, mit der Remoulade die Punkte aufspritzen. Auf die Kresse stellen.

Italienisches Weißbrot

Zutaten für 2 Brote

500 g Mehl,
ca. 200 ml warmes Wasser,
2 Würfel Hefe,
50 g Margarine,
1 Teelöffel Salz

Zubereitung

Die Hefe mit 100 ml Wasser anrühren und unter das gesiebte Mehl mischen. Zerlassene Margarine mit dem restlichen Wasser und dem Salz mischen und zum Mehl geben. Alles mit den Knethaken des Handrührers fest verkneten, bis sich der Teig vom Schüsselrand löst. Zugedeckt an einem warmen Ort ca. 45 Minuten gehen lassen.
Den Teig bemehlen und auf der bemehlten Arbeitsfläche vorsichtig in 2 Teile teilen (nicht mehr kneten). Die Teigstücke vorsichtig – so daß die vorhandenen Luftbläschen nicht zerstört werden – flach und oval formen. Jedes Stück auf ein mit Backpapier belegtes Blech legen, abgedeckt an einem warmen Ort noch 30–40 Minuten gehen lassen. Dann die Teigstücke mit einer Gabel mehrmals einstechen.
Backzeit ca. 25–35 Minuten bei ca. 200° C.

Anstatt der Margarine kann das Brot mit der gleichen Menge Olivenöl gebacken werden.

Knoblauchbrot

Zutaten

1 Weißbrot (Baguette oder Kastenweißbrot),
1 frische rote Peperoncinoschote,
1 Zehe Knoblauch,
ca. 4 Eßlöffel Olivenöl

Zubereitung

Brot in dünne Scheiben schneiden, toasten.
Olivenöl in einer Pfanne bei sehr niedriger Stufe erhitzen; Knoblauch durch die Presse in das warme Öl drücken, die entkernte und kleingeschnittene Peperoncinoschote zugeben und ca. 5 Minuten bei niedriger Hitze unter Rühren ziehen lassen.
Die Brotscheiben damit bepinseln.

Für intensiveren Knoblauchgeschmack:
Brot toasten. Öl erhitzen und nur die Peperoncinostückchen darin leicht köcheln lassen. Den frischen Knoblauch halbieren, die Brotscheiben damit einreiben und erst dann mit dem Peperoncinöl einpinseln.

Kräuterbutterbaguette

Zutaten

1 Baguette,
ca. 100 g Kräuterbutter,
1 großes Stück Alufolie

Zubereitung

Das Baguette schräg in dünne Scheiben schneiden, ca. 3 cm dick. Dabei nicht ganz durchschneiden, das Brot sollte an der Unterseite noch zusammenhängen.
Nun die Zwischenräume mit Butter füllen, das Baguette wieder fest zusammendrücken und in die Alufolie einwickeln.
Dann in den vorgeheizten Backofen geben.

Backzeit: Bei ca. 200° C ca. 15–20 Minuten backen.
Noch heiß servieren.

Laugenbrezen

Zutaten

500 g Mehl, 1 Würfel Hefe, $1^{1}/_{2}$ Teelöffel Salz,
60 g Butter oder Margarine,
ca. 80 ml Milch vermischt
mit 80 ml Wasser (lauwarm)
Natronlauge: 50 g Natron, 1 Liter Wasser,
3 Teelöffel Salz
zum Bestreuen: grobes Salz, Mohn oder Sesam
zum Bestreichen: 1 Eiweiß

Zubereitung

Mehl in eine Schüssel sieben, in die Mitte eine Vertiefung drücken, Hefe hineinbröckeln, lauwarmes Milch-Wasser-Gemisch darübergießen. Hefe mit Flüssigkeit und etwas Mehl mit einer Gabel verrühren, zugedeckt an einem warmen Ort ca. 15 Minuten gehen lassen. Dann das Salz und die flüssige Butter/Margarine hinzugeben, alles gut verkneten, bis der Teig sich vom Schüsselrand löst. Falls er zu fest ist, noch etwas lauwarmes Wasser unterkneten. Zugedeckt ca. 45 Minuten gehen lassen.
Dann Teig in 16 gleichgroße Stücke teilen, lange dünne Rollen formen, zu Brezen legen.
Für die Lauge das Wasser mit Salz und Natron in einem weiten Edelstahltopf kurz aufkochen lassen.
Die Brezen mit einer Schaumkelle in die Lauge tauchen, auf ein mit Backpapier belegtes Blech legen, mit Salz, Sesam oder Mohn bestreuen, in den kalten Backofen schieben.
Bei ca. 180–200° C ca. 15–20 Minuten backen (bis die Brezen schön braun sind). Sofort nach dem Backen mit verquirltem Eiweiß bestreichen.
Ergibt 16 Stück.

Kümmelstreichkäse

Zutaten

750 ml Milch,
200 g sehr reifer Limburger-Käse – möglichst
mit 40% Fett oder mehr,
4 gehäufte Eßlöffel Mehl, etwas kalte Milch,
Salz, Pfeffer, reichlich Kümmel

Zubereitung

Milch erhitzen, Käse samt Rinde in kleine Stücke schneiden, in die warme Milch geben und unter Rühren aufkochen lassen. Mit Salz und Pfeffer gut würzen. Das Mehl mit der kalten Milch anrühren, in die kochende Käsemasse einrühren und nochmals aufkochen lassen.
Die Käsemasse in Teller oder Schüssel füllen, viel Kümmel darüber streuen. Abkühlen lassen.

Beilage:
Schwarzbrot, Radieschen, Zwiebelringe

Tsaziki und Frühlingsquark

Zutaten

Tsaziki (im Bild links): 250 g Magerquark, 100 g Crème fraîche, 125 g weißer Joghurt, 1/2 Salatgurke, Salz, 1 Knoblauchzehe

Frühlingsquark (im Bild rechts): 500 g Magerquark, 1/8–1/4 l Milch, 3 hartgekochte Eier, 1 Bund Schnittlauch, 1 Bund Radieschen, eventuell 1 Messerspitze Paprika edelsüß, Salz, Pfeffer, 1 Tomate zum Garnieren

Zubereitung

Tsaziki: Gurke schälen und in dünne, feine, kurze Stückchen schneiden (am besten mit dem Gemüsehobel grob raspeln). Salz darüberstreuen und ca. 20 Minuten Wasser ziehen lassen.
In einer anderen Schüssel den Quark mit Crème fraîche und Joghurt cremig rühren. Die Knoblauchzehe schälen, durch die Presse drücken und unterrühren. Dann die Gurke zugeben und gut verrühren.

Frühlingsquark: Quark mit Milch glattrühren.
Eier schälen, mit einer Gabel grob zerdrücken.
Schnittlauch fein schneiden. Radieschen waschen, in dünne Scheiben schneiden. Alles unter den Quark mischen und mit Salz und Pfeffer, eventuell mit Paprika würzen. Mit Tomatenachteln garnieren.

Milchrahmstrudel

Zutaten

Teig: 350 g Mehl, 1 Eßlöffel Öl, 1 Prise Salz, 1 Ei, ca. 100 ml lauwarmes Wasser
Füllung: 3 Pfund Äpfel, 200 ml Sahne, 100 g Zucker, 300 g Sauerrahm
für die Reine: 50 g Fett, am besten Butterschmalz
zum Aufgießen: 1/2 Liter Milch

Zubereitung

Die Teigzutaten mit den Händen zu einem festen Teig verkneten, ca. 10 Minuten ruhen lassen.
Die Äpfel schälen und mit dem Gemüsehobel in dünne Scheiben hobeln. Dann die Apfelscheiben mit 150 g Sauerrahm, der Sahne und dem Zucker vermischen.
Den Teig zu zwei Rechtecken ausrollen, mit dem restlichen Sauerrahm bestreichen, mit der Apfelfüllung belegen und aufrollen.
Fett in der Reine zerlaufen lassen, die Teigrollen hineinlegen und backen.
Backzeit ca. 60 Minuten bei 175–180° C.
Nach 20 Minuten Backzeit den Strudel mit der Milch übergießen und weiterbacken. Der Strudel ist fertig, wenn die Milch aufgesaugt ist.
Heiß servieren mit Kompott, Vanillesauce (Rezept siehe Apple Crumble Seite 114) oder Vanilleeis.

Mohnnudeln

Zutaten

Teig: 750 g Mehl, 1 Würfel Hefe, 300 ml Milch,
2 Eier, 1 Prise Salz, 170 g Margarine, 50 g Zucker
Füllung: 150 ml Milch, 120 g Mohn, 50 g Margarine,
50 g Zucker, 30 g Semmelbrösel, 3 Eßlöffel Rum,
für die Reine: 80 g Butter oder Butterschmalz
2 Eßlöffel Sahne zum Bestreichen

Zubereitung

Mehl in eine Schüssel sieben, in die Mitte mit einem Löffel eine Mulde formen, darin die zerbröckelte Hefe mit 1 Teelöffel Zucker vermischen, die lauwarme Milch dazugeben und mit etwas Mehl mit einer Gabel verschlagen. Abgedeckt an einem warmen Ort 15 Minuten gehen lassen. Dann Eier, restlichen Zucker, Salz und weiche Margarine dazugeben und alles solange verkneten, bis sich der Teig vom Schüsselrand löst. Abgedeckt an einem warmen Ort 45 Minuten gehen lassen.
Für die Füllung die Milch mit der Margarine aufkochen, dann Mohn, Semmelbrösel und Zucker zugeben und unter Rühren ca. 2 Minuten lang köcheln lassen. Vom Herd nehmen, den Rum unterrühren und abkühlen lassen.
Backfett in einer Reine zerlaufen lassen. 2 Eßlöffel große Hefeteigstücke abstechen, etwas auseinanderziehen und in die Teigmitte 2 Teelöffel Mohnmasse geben, zusammenklappen, zu länglichen Nudeln formen und nebeneinander in die Reine setzen. Nochmals 20 Minuten gehen lassen.
Dann mit der Sahne bepinseln und bei ca. 175° C ca. 30–40 Minuten backen, bis sie hellbraun sind.

Beilage: Vanillesauce (siehe Seite 114), Kompott

Semmelschmarrn

Zutaten

8 geschnittene Semmeln (Knödelbrot),
1/2 Liter Milch,
3 Eier,
Salz,
Fett zum Braten,
Zucker und Zimt zum Anrichten

Zubereitung

Geschnittene Semmeln in eine Schüssel geben. Milch mit Eiern und 1 Prise Salz gut verschlagen und über die Semmeln gießen. Ca. 1/2 Stunde durchziehen lassen. Verrühren.
Fett in einer Pfanne zerlaufen lassen, die Semmelmasse dazugeben, unter öfterem Wenden goldgelb braten. Mit Zimt und Zucker bestreut servieren.

Beilage:
Kompott, Apfelmus

Semmelschmarrn kann ungezuckert auch als Beilage zu Fleischgerichten gereicht werden.

Zuckernudeln

Zutaten

1 Liter Milch,
30 g Butter,
Schale von 1/4 Zitrone,
250 g Bandnudeln,
40 g Zucker,
zum Anrichten: Zucker und Zimt

Zubereitung

In einer flachen weiten Pfanne die Milch mit Zitronenschale und Butter zum Kochen bringen, dann Nudeln und Zucker einstreuen.
Ca. 35–40 Minuten köcheln lassen, ab und zu umrühren. Die Zuckernudeln sind fertig, wenn die ganze Milch eingesogen ist und sich eine leichte Kruste gebildet hat.
Mit Zucker und Zimt bestreuen.

Beilage:
Apfelmus

Cevapcici

Zutaten

700 g Hackfleisch gemischt,
50 g gehackte Petersilie (frisch oder tiefgefroren),
1 Zwiebel, 2 Knoblauchzehen,
1 gehäufter Eßlöffel Mehl, 4 Eßlöffel Öl,
Salz, Pfeffer, $1^1/_2$ Teelöffel Paprikapulver,
2 Teelöffel gekörnte Brühe,
etwas Öl zum Braten

Zubereitung

Hackfleisch mit der Petersilie, der fein gehackten Zwiebel, den durch die Presse gedrückten Knoblauch, dem Mehl und Öl, Salz, Pfeffer, Paprikapulver und der gekörnten Brühe mischen und einen geschmeidigen Teig kneten.
Aus der Masse kleine, ca. 10 cm lange, dicke Würstchen formen. Öl in der Pfanne erhitzen und Cevapcici darin braun braten.
Man kann die Cevapcici auch grillen,
dabei aber immer wieder mit Öl bestreichen.

Beilagen:
Reis, Krautsalat
Kräuterbutterbaguette (siehe Seite 40)
Tsaziki (siehe Seite 46)

Chinesisches Rindfleisch

Zutaten

500 g Rinderlende, 2 in keilförmige Stücke geschnittene Zwiebeln, je 1 grüne und rote Paprikaschote, 2 Teelöffel Stärkemehl, 2 Teelöffel gekörnte Brühe, 100 ml kaltes Wasser, 2 Eßlöffel Sojasauce, 2 Eßlöffel Pflanzenöl, 1 Knoblauchzehe, 1 gehäufter Teelöffel Chinagewürz, 100 g frische Champignons, 2 Eßlöffel Öl zum Braten

Zubereitung

Fleisch in dünne Streifen schneiden. Paprikaschoten und Champignons in feine Streifen schneiden. Das Öl zum Braten in einer weiten Pfanne bei starker Hitze erwärmen. Den in ganz kleine Stücke geschnittenen Knoblauch und das Chinagewürz hinzufügen, unter Rühren kurz anbraten. Das Fleisch zugeben und braten, bis es gebräunt ist. Zwiebeln hineingeben, ca. 2 Minuten braten. Dann Champignons und Paprika hinzufügen, weitere 2 Minuten braten. Stärkemehl, gekörnte Brühe, Sojasauce, Pflanzenöl und Wasser miteinander verrühren, über das Fleisch gießen. Unter ständigem Rühren weiterbraten, bis die Flüssigkeit eindickt, Sofort servieren.

Beilage:
Nudeln

Frühlingsgratin

Zutaten

1 kg Kartoffeln, Salz,
2 Bund Frühlingszwiebeln,
1 helle Instantsauce für 1/4 Liter
(z.B. Holländische Sauce),
1/8 Liter Sahne, 200 g Crème fraîche,
25 g frische oder tiefgefrorene, gehackte Petersilie,
Salz, Peffer, geriebene Muskatnuß,
150 g Emmentaler,
Öl für die Form

Zubereitung

Kartoffeln schälen, mit dem Gemüsehobel in ca. 1/2 cm dicke Scheiben schneiden, in Salzwasser einmal aufkochen. Dann abgießen und abtropfen lassen.
Zwiebeln schneiden und abwechselnd mit den Kartoffelscheiben in eine mit Öl ausgepinselte Auflaufform geben. Sauce mit 1/8 Liter Wasser und 1/8 Liter Sahne kochen, Crème fraîche und die Petersilie unterrühren. Mit Salz, Pfeffer und Muskat würzen. Sauce über die Kartoffeln gießen, Auflaufform mit Alufolie abdecken und backen.
Backzeit ca. 60 Minuten bei 225° C.
Nach 50 Minuten Folie abnehmen, mit dem kleingeschnittenen Käse bestreuen und noch 10 Minuten ohne Folie backen.

Abwandlung:
Die Frühlingszwiebeln und von der Sauce die Petersilie weglassen.

Gulasch

Zutaten

750 g Rindergulasch, 2–3 Zwiebeln,
2 rote Paprikaschoten, 2 Mohrrüben,
2 Eßlöffel edelsüßer Paprika,
Salz, Pfeffer, Wasser,
2 Eßlöffel Tomatenmark,
1/8 Liter Sahne,
ca. 40 g Butterschmalz

Zubereitung

Butterschmalz erhitzen. Das Rindfleisch zugeben, scharf anbraten, dann die in feine Ringe geschnittenen Zwiebeln dazugeben. Alles gut bräunen lassen. Die geschälte, in Scheiben geschnittenen Mohrrüben und die in Streifen geschnittenen Paprikaschoten zugeben. Die Mischung mit Salz, Pfeffer und Paprika bestreuen, umrühren und mit Wasser aufgießen. Das Fleisch soll nur knapp mit Flüssigkeit bedeckt sein. Das Tomatenmark zugeben. Zugedeckt bei schwacher Hitze schmoren lassen, bis das Fleisch gar ist (ca. 1 Stunde). Vor dem Servieren die Sahne unter das Gulasch rühren.

Abwandlung: 4 bis 6 Stück Kartoffeln schälen und in eßlöffelgroße Würfel schneiden. Ca. 30 Minuten vor Ende der Garzeit des Fleisches die Kartoffelwürfel auf das Gulasch legen und mitgaren lassen.

Hackbraten in Blätterteig

Zutaten

600 g Hackfleisch, 200 g Brät,
1–2 Zwiebeln, 1 Semmel,
ca. 1/4 bis 3/8 Liter lauwarme Brühe (Bouillon),
250 g tiefgefrorener Blätterteig in Scheiben,
2 Eier, ca. 1 Eßlöffel Semmelbrösel,
Salz, Pfeffer, Paprika edelsüß,
etwas Butterschmalz,
wenig Mehl

Zubereitung

Die Zwiebeln fein hacken. Butterschmalz in einer Pfanne erhitzen, die Zwiebeln zusammen mit dem Hackfleisch anbraten. In eine Schüssel geben, abkühlen lassen. Semmel in der Brühe einweichen, ausdrücken, zum Fleisch geben. Das Brät und 1 Ei dazugeben, mit Salz, Pfeffer und reichlich Paprika würzen und alles gut vermischen (entweder mit den Knethaken des Handrührers oder mit den Händen – eventuell Einweg-Plastikhandschuhe anziehen). Blätterteig auftauen lassen, auf etwas Mehl ausrollen. Die Semmelbrösel auf den Teig streuen, dann den Fleischteig zu einem Laib formen, auf den Teig legen, in den Blätterteig einschlagen. Teig mit verquirltem Ei zukleben. Aus Teigresten mit Plätzchenausstecher Verzierungen ausstechen, mit Ei auf Teiglaib kleben.
In eine gefettete Auflaufform legen.
Bei ca. 180–220° C ca. 45 Minuten backen.

Beilage:
Verschiedene Salate

Kindertoast und Käseigel

Zutaten

<u>pro Toast:</u> 1 Scheibe amerikanischer Toast (größer als deutscher Toast), 1 Scheibe gekochter magerer Schinken, 1 Scheibe Emmentaler, etwas Kresse, 2 Eier, 1 Teelöffel Tomatenketchup,
etwas Butter,
Fett für Spiegeleier
<u>pro Igel:</u> 1 kleiner Minibabybel, 1 kleines Stück Mohrrübe, 1 Scheibe Gurke (ca. 1 cm dick) mit Schale, 1 kleines Stück roter Paprika

Zubereitung

Kindertoast: Brot toasten, mit Butter bestreichen, erst mit Schinken, dann mit Käse belegen. Im Backofen bei ca. 190° C backen, bis der Käse zerlaufen und goldfarben ist. In der Zwischenzeit etwas Fett in einer Pfanne erhitzen, zwei Spiegeleier darin braten.
Auf den fertig gebackenen Toast oben etwas Kresse streuen (Haare). Darunter die Eigelbe der Spiegeleier (vorsichtig mit einem scharfen Messer ausschneiden) legen (Augen). Für den Mund aus dem Eiweiß eines Spiegeleies einen Halbmond ausschneiden. Als Nase einen Teelöffel Tomatenketchup oberhalb des Mundes spritzen.

Käseigel: Die Mohrrübe schälen und in dünne kurze Stifte schneiden. Die Stifte als Stacheln in die Käselaiber stecken, für das Gesicht einen kleinen Teil freilassen. Den Käseigel auf 1 Scheibe Gurke setzen (Gras). Für die Augen je 1 kleines Stück Gurke, für den Mund ein kleines Stück rote Paprika in den Käse stecken.

Lasagne

Zutaten

Hackfleischsauce: 4 Eßlöffel Olivenöl, 1 Knoblauchzehe, 1 Zwiebel, 500 g Hackfleisch, 2 Packungen passierte Tomaten (à 500 ml), Salz, Pfeffer, 2 Eßlöffel getrockneter und gerebelter Oregano, entweder 1 ganze Peperoncino oder Peperoncinopulver

Bechamelsauce: 60 g Butter oder Butterschmalz, 50 g Mehl, 1/2 Liter Milch, Salz, gemahlene Muskatnuß

Nudelplatten ohne Vorkochen (ca. 330 g = ca. 20 St.)

2 Packungen Mozzarella, Fett für die Auflaufform

Zubereitung

Für die Hackfleischsauce das Öl erhitzen, gehackte Zwiebel und den durch die Presse gedrückten Knoblauch zugeben, kurz anbraten lassen, dann das Hackfleisch zugeben und bei sehr hoher Hitze gar braten. Das Fleisch mit Salz, Pfeffer, Oregano und Peperoncino würzen, dann die passierten Tomaten zugeben und ca. 1/2 Stunde köcheln lassen. Eventuell nachwürzen. Abkühlen lassen.
Für die Bechamelsauce das Fett in einem Topf zerlaufen lassen, das Mehl zugeben und so lange rühren, bis keine Klümpchen mehr vorhanden sind. Dann heiße Milch zugeben, aufkochen lassen, vom Herd nehmen. Mit Salz und Muskatnuß würzen.
Eine Auflaufform ausfetten. Als erste Schicht etwas Hackfleischsauce einfüllen, eine Lage Nudelplatten drauflegen, dann eine Schicht Bechamelsauce, wieder eine Lage Nudeln, dann wieder von vorne beginnen und so fortfahren, als letzte Schicht Hackfleischsauce (ca. 4 Lagen Nudeln). Bei ca. 175° C ca. 60 Minuten im Ofen backen. Nach 45 Minuten die Lasagne mit dem in kleine Stücke geschnittenen Mozzarellakäse belegen und fertig backen.

Leber italienisch

Zutaten

700 g Kalbs- oder Schweineleber,
in feine Streifen geschnitten,
1 große Zwiebel,
50 g Petersilie gehackt (frisch oder tiefgefroren),
ca. 30 g Butterschmalz,
Salz, Pfeffer,
ca. 30 ml Balsamessig

Zubereitung

Die Zwiebel in feine Ringe schneiden. Butterschmalz in einer weiten Pfanne erhitzen, die Zwiebel darin anbraten. Dann die Pfanne vom Herd nehmen, Zwiebel darin abkühlen lassen. Dann die Leber zufügen, wieder zurück auf den Herd stellen, bei großer Hitze gar braten. Dann salzen, pfeffern. Die Petersilie darüberstreuen, gut durchmischen, den Essig darüberschütten und noch einmal aufkochen lassen. Sofort servieren.

Beilage:
Baguette, grüner Salat

Minestrone

Zutaten

100 g Butter, 3 Kartoffeln,
6 große äußere Blätter eines Kopfsalats,
4 Mohrrüben, 1 Stange Lauch,
2 Zucchini, 1 kleiner Blumenkohl, 1 Strunk Brokkoli,
1 kleines Eck Sellerie, ca. 15 Stück Rosenkohl,
1 Tasse Erbsen (frisch oder tiefgefroren),
3 gehäufte Eßlöffel Reis, ca. 1 1/2 Liter Brühe,
Pfeffer, frisch geriebener Parmesankäse

Zubereitung

Kartoffeln schälen, in kleine Würfel schneiden. Mohrrüben schälen, in Scheiben schneiden. Lauch und Zucchini in Scheiben schneiden. Blumenkohl und Brokkoli in Röschen teilen. Sellerie schälen und in ganz kleine Stücke schneiden. Vom Rosenkohl die äußeren Blätter entfernen, an der Unterseite kreuzweise einschneiden. Salatblätter in dünne Streifen schneiden. Butter in einem großen Topf zerlassen. Zuerst die Salatstreifen in das Fett legen, darauf schichtweise die Kartoffeln, den Rosenkohl, dann Sellerie, Mohrrüben, Blumenkohl, Brokkoli, Zucchini und Lauch. Zugedeckt bei schwacher Hitze 30 Minuten dünsten lassen. Ab und zu vorsichtig umrühren. Dann mit der kochenden Brühe aufgießen. Noch weitere 30 Minuten bei schwacher Hitze kochen lassen. Ca. 20 Minuten vor Ende der Garzeit Reis zugeben und 10 Minuten danach die Erbsen. Mit Parmesankäse und Pfeffer bestreut servieren.

Beilage:
Weißbrot

Nudeln mit Schinken-Sahne-Sauce

Zutaten

500 g Nudeln, etwas Butter, 200 g in feine Scheiben geschnittener gekochter Schinken,
200 g Rahm – extra cremig zum Kochen,
200 ml Wasser, Salz, schwarzer Pfeffer,
200 g tiefgefrorene Erbsen,
1 Teelöffel Speisestärke
zum Bestreuen: geriebener Parmesankäse

Zubereitung

Die Butter in einem Topf erhitzen. Den in kleine Stücke geschnittenen Schinken dazugeben, unter Rühren kurz anbraten. Dann das Wasser und den Rahm zugeben, einmal aufkochen lassen. Eventuell salzen, Speisestärke mit wenig Wasser anrühren, in die kochende Sauce geben. Die tiefgefrorenen Erbsen dazugeben, leicht köcheln lassen, bis sie gar sind. Mit reichlich schwarzem Pfeffer würzen.
Die Nudeln in Salzwasser al dente (bißfest) kochen, abgießen, mit der Schinkensauce anrichten.
Mit etwas Parmesankäse bestreuen.

Beilage:
Grüner Salat

Paprikapfanne

Zutaten

500 g Schweinelende (vom Metzger mit der Aufschnittmaschine in dünne Scheiben schneiden lassen), 2 rote Paprikaschoten,
1 gelbe Paprikaschote,
100 g frische Champignons,
1 Knoblauchzehe, Salz und Pfeffer,
2 gehäufte Eßlöffel Tomatenmark,
$^{1}/_{4}$ Liter Wasser, ca. 5 Eßlöffel Olivenöl

Zubereitung

Die Paprikaschoten und die Champignons putzen und in Ringe bzw. Scheiben schneiden. In einer Pfanne das Öl erhitzen und eine ganze geschälte Knoblauchzehe darin braten. Entfernen bevor sie braun wird. Das Fleisch im Öl von beiden Seiten goldgelb anbraten. Mit Salz und Pfeffer würzen und auf einen Teller legen. Das mit Wasser verrührte Tomatenmark in die Pfanne gießen, Paprika und Champignons zugeben. Das Gemüse mit den Fleischscheiben bedecken. Die Pfanne zudecken und ca. 30 Minuten garschmoren lassen.

Beilagen:
Reis oder Nudeln und Salat

Paprikaschnitzel

Zutaten

4 Schnitzel (Schwein, Pute),
3 rote Paprikaschoten, Salz, Pfeffer,
2 Teelöffel Paprikapulver edelsüß,
2 Eßlöffel Mehl,
30 g Butter,
$^1/_2$ Liter pürierte Tomaten,
3 Eßlöffel Sahne

Zubereitung

Paprika waschen, entkernen und in schmale Streifen schneiden.
Die Schnitzel klopfen, mit Salz, Pfeffer und Paprikapulver von beiden Seiten einreiben.
Dann von beiden Seiten im Mehl wenden.
Butter in einer Pfanne zerlassen und Schnitzel darin von beiden Seiten kurz anbraten. Paprikastreifen zugeben, einige Minuten weiterbraten.
Wenn das Fleisch braun wird, die pürierten Tomaten dazugeben und alles ca. 20 Minuten schmoren lassen. Schnitzel entfernen, Sauce mit Pürierstab pürieren. Mit der Sahne und Salz abschmecken und über die Schnitzel gießen.

Beilage:
Reis, Salzkartoffeln oder Nudeln

Pizza

Zutaten (ausreichend für 1 Backblech)

<u>Teig:</u> 400 g Mehl, 1 Würfel Hefe, 1/2 Teelöffel Salz, ca. 200 ml warmes Wasser

<u>Belag:</u> 1 Eßlöffel Olivenöl, 1 Knoblauchzehe, 250 g passierte Tomaten, Salz, Pfeffer, 2 Packungen Mozzarella (à 125 g), 1 in feine Ringe geschnittene Zwiebel, 100 g gekochter Schinken, 50 g Champignons, 1 Eßlöffel Butter, 2 Peperoncini, eventuell Oliven, 2 Eßlöffel Olivenöl

Zubereitung

Die Hefe im warmen Wasser auflösen. Das Mehl mit dem Salz vermischen, das Hefewasser dazugeben und alles untereinander verkneten. Falls der Teig zu fest ist, noch etwas warmes Wasser zugeben.
Ca. 10 Minuten kneten, bis der Teig geschmeidig ist. Abgedeckt an einem warmen Ort 2 Stunden gehen lassen. Für den Belag das Olivenöl in einem Topf erhitzen, die geschälte Knoblauchzehe dazugeben und bräunen lassen. Dann entfernen und die passierten Tomaten zugeben. Aufkochen lassen. Mit Salz und Pfeffer würzen und abkühlen lassen. Die Champignons putzen, in feine Streifen schneiden und in der Butter ca. 5 Minuten dünsten. Den Mozzarella würfeln, den Schinken in feine Streifen schneiden. Backofen auf die höchstmögliche Temperatur vorheizen. Teig ausrollen, auf ein mit Backpapier belegtes Blech legen, kleinen Rand hochdrücken. Zuerst die Tomatensauce darauf verstreichen, dann den Käse darüberstreuen und die anderen Zutaten (Schinken, Champignons, Zwiebel, Peperoncini, Oliven) darauf verteilen. 2 Eßlöffel Olivenöl darüberträufeln. Bei mindestens 250° C (besser 280°) ca. 15–20 Minuten backen.

Pizzabrötchen

Zutaten

1 Baguette oder Semmelwecken,
150 g gekochter Schinken, 150 g Rohsalami,
150 g Edamer, 1 kleine Dose geschälte Tomaten
(Füllgewicht 400 g), 1 kleine Zwiebel,
150 g Sauerrahm, 150 g Crème fraîche, Salz,
Pfeffer, Pizzagewürz, frische Petersilie,
evtl. noch getrockneter Basilikum, Thymian

Zubereitung

Schinken, Salami und Zwiebel so klein wie möglich schneiden. Die Tomaten zugeben, alles zusammen im Mixer oder mit Pürierstab zerkleinern.
Käse reiben, dazugeben. Alles mit Sauerrahm und Crème fraîche verrühren, gut würzen. Masse auf Baguett- oder Weißbrotscheiben streichen.
Im Backofen bei ca. 200° C ca. 15–20 Minuten backen.

Rinderbraten mit Meerrettichsahne

Zutaten

1 kg Rinderbraten (mager), 2 Knoblauchzehen,
1 Teelöffel frisch gemahlener schwarzer Pfeffer,
1 Teelöffel Salz, 50 g Butterschmalz
Meerrettichsahne: 200 g Sahne,
75 g geriebener Meerrettich,
2 Teelöffel Rotweinessig, 1 Teelöffel Dijon-Senf,
¼ Teelöffel Zucker, Salz

Zubereitung

Knoblauch schälen und durch die Presse drücken. Mit Salz und Pfeffer vermischen, Fleisch damit rundherum gut einstreichen.
Butterschmalz in der Reine zerlassen, Fleisch einlegen und in den vorgeheizten Ofen schieben.
Bei 230° C 20 Minuten braten, dann Hitze auf ca. 175° C reduzieren. Noch ca. 1 1/2 Stunden weiterbraten. Fleisch hin und wieder mit dem Bratenfett übergießen.
Für die Meerrettichsahne den Meerrettich mit Salz, Pfeffer, Senf und Essig gut verrühren. In einer anderen Schüssel Sahne nicht zu steif schlagen (bis sich schlaffe, aber deutlich erkennbare Sahneberge bilden). Die Sahne unter die Meerrettichmischung rühren, abgedeckt mindestens 1 Stunde kalt stellen. Fleisch aufschneiden und mit der Sahne servieren.

Beilage:
Röstkartoffeln oder
Yorkshire-Pudding (siehe Seite 102)

Saltimbocca

Zutaten

ca. 500 g Kalbfleisch (ersatzweise Putenfleisch), in kleine dünne Schnitzel schneiden (am besten mit Aufschnittmaschine), soviele Scheiben roher Schinken wie Fleischstücke vorhanden, ebensoviele frische Salbeiblätter und Zahnstocher, 50 g Butter, 1/2 Glas trockener Weißwein, Salz und Pfeffer

Zubereitung

Auf jedes Fleischstück 1 Salbeiblatt, darauf 1 Scheibe Schinken legen, alles mit einem Zahnstocher zusammenstechen.
In einer weiten Pfanne die Butter zerlassen; die Schnitzel darin auf beiden Seiten bei starker Hitze braun braten. Wenig salzen (Schinken ist bereits salzig), pfeffern, mit Wein beträufeln. Diesen kurz verdampfen lassen und die Schnitzel auf einer Platte anrichten. Mit dem Bratenfond übergießen und sofort servieren.

Beilage:
Salat, Reis oder Weißbrot

Saure Zipfel

Zutaten

ca. 16 kleine ungebrühte Bratwürste,
3 große Zwiebeln, 2 Mohrrüben,
200 ml Essig, Salz, 1 Prise Zucker,
3 Lorbeerblätter, 1/2 Teelöffel Senfkörner,
je 3 Gewürznelken und Wacholderbeeren

Zubereitung

Zwiebeln in feine Ringe, Mohrrüben in Scheiben schneiden. Wasser mit Essig, Salz, Zucker und Gewürzen in einem Topf aufkochen. Zwiebelringe und Mohrrübenscheiben hineingeben, ca. 5 Minuten leicht kochen lassen.
Würste in den Sud legen und ca. 15 Minuten ziehen lassen.

Beilage:
Schwarzbrot

Schinkennudeln

Zutaten

für die Nudeln: 500 g Nudeln,
250 g Schinken – in dickere Scheiben geschnitten,
Fett zum Braten (am besten Butterschmalz)
für die Sauce: 500 g passierte Tomaten (1 Packung),
Salz, Pfeffer, 4 Eßlöffel Sahne

Zubereitung

Nudeln in reichlich Salzwasser al dente (bißfest) kochen. Abgießen, unter kaltem Wasser abschrecken, abtropfen und auskühlen lassen. Den Schinken in kleine gleichmäßige Würfel schneiden. Das Fett in der Pfanne erhitzen, den Schinken darin scharf anbraten. Nudeln dazugeben und unter öfterem Wenden braten, bis die Nudeln heiß sind.
Für die Tomatensauce die passierten Tomaten aufkochen lassen, mit Salz und Pfeffer würzen, mit Sahne verfeinern. Zusammen mit den Schinkennudeln servieren.
Nach Belieben mit etwas geriebenem Emmentaler bestreuen.

Schweinefilet chinesisch

Zutaten

1 Schweinefilet (ca. 500–600 g),
2 Teelöffel Stärkemehl, 5 Teelöffel Sojasauce,
5 Teelöffel trockener Sherry, 3 Teelöffel Öl,
1 große Zwiebel, 10 Frühlingszwiebeln, Pfeffer
Sauce: 5 Teelöffel Sojasauce,
5 Teelöffel trockener Sherry,
5 Teelöffel Balsamessig, 2 Teelöffel Zucker
außerdem: 10 Teelöffel Öl zum Braten

Zubereitung

Schweinefilet in feine Streifen schneiden. Das Stärkemehl mit der Sojasauce, dem Sherry, dem Öl und viel gemahlenem Pfeffer zu einer Marinade rühren. Darin die Fleischstücke einlegen, für 30 Minuten in den Kühlschrank stellen, gelegentlich umrühren. Die Zwiebel in ca. 1/2 cm dicke, längliche Stücke, die Frühlingszwiebeln in ca. 5 cm lange Stücke schneiden.
In einer großen Bratpfanne das Öl zum Braten erhitzen. Die Fleischmischung zugeben und unter ständigem Rühren gar braten. Die Zwiebel hineingeben, 1 Minute unter Rühren weiterbraten. Frühlingszwiebeln hinzugeben, weitere 30 Sekunden braten. Die Zutaten für die Sauce vermischen, zum Fleisch geben und einmal aufkochen lassen.

Beilage:
Reis

Spaghetti mit scharfer Sauce

Zutaten

500 g Spaghettinudeln, 1 Eßlöffel Butter, Salz
Sauce: 200 g in kleine Würfel geschnittener
geräucherter Bauchspeck (Bacon),
2 Dosen geschälte Tomaten (à 400 g Füllgewicht),
1/2 bis 1 Peperoncino (= Chilischote)
ersatzweise Peperoncinopulver,
1 Knoblauchzehe, Salz

Zubereitung

Nudeln in Salzwasser al dente (bißfest) kochen, abgießen, noch heiß mit 1 Eßlöffel Butter vermischen.

Für die Sauce die Speckwürfel ohne Fett in einer Pfanne bei mittlerer Hitze knusprig braten. Die in ganz kleine Stücke geschnittene Peperoncinoschote und den kleingehackten Knoblauch zugeben, kurz mitbraten lassen, dann die Tomaten mit Saft zugeben, leicht salzen (Speck ist schon salzig) und zu den Nudeln servieren.

Steak Feinschmecker Art

Zutaten

4 Rindersteaks (Lende), Fett zum Braten
Marinade: 2 Zwiebeln, 2 Knoblauchzehen,
8 Eßlöffel Olivenöl, 250 ml trockener Rotwein,
8 Eßlöffel Rotweinessig, 140 g Tomatenmark
außerdem: Salz, Pfeffer,
2 Becher Crème fraîche (à 150 g)

Zubereitung

Die Zwiebeln in feine Ringe schneiden, die Knoblauchzehen sehr fein würfeln. Zwiebeln und Knoblauch zusammen mit Olivenöl, Rotwein, Rotweinessig und Tomatenmark in eine Schüssel geben, gut verrühren. Die Steaks waschen, mit Küchenkrepp abtrocknen, in die Marinade legen und 24 Stunden darin ziehen lassen, hin und wieder wenden. Die Steaks aus der Marinade nehmen, trockentupfen. Fett in einer heißen Pfanne zerlassen, Steaks darin von beiden Seiten bis zum gewünschten Garzustand braten. Salzen und pfeffern. Auf eine vorgewärmte Platte legen, mit Alufolie abgedeckt warm stellen.
Die Marinade in das Bratenfett geben, zum Kochen bringen, die Crème fraîche unterrühren, mit Salz und Pfeffer abschmecken, über die Steaks geben und sofort servieren.

Beilage:
Pommes frites,
Salat

Überbackener Blumenkohl

Zutaten

1 großer Blumenkohl,
1 kleine Dose geschälte Tomaten (Füllgewicht 400 g),
150 g gekochter Schinken,
30 g Butter, 30 g Mehl,
etwas Milch, Salz, Pfeffer,
2 Teelöffel getrockneter Basilikum,
1 Packung Mozzarella,
100 g Emmentaler

Zubereitung

Blumenkohl putzen, in Röschen teilen und in Salzwasser halbgar kochen, abtropfen lassen und in eine gefettete Auflaufform geben. Tomaten in einen Meßbecher füllen, mit Milch auf 1/2 Liter auffüllen. Butter in einem Topf zerlaufen lassen, Mehl unterrühren, dann die Tomaten-Milch-Mischung dazugeben, unter Rühren aufkochen lassen. Mit Salz, Pfeffer und Basilikum abschmecken.
Schinken in feine Streifen schneiden und den Blumenkohl damit belegen, dann die Sauce darübergießen. Käse in kleine Stücke schneiden und über den Auflauf streuen. In den Backofen schieben.
Backzeit: ca. 15 Minuten bei ca. 220° C.

Beilagen:
Salzkartoffeln, evtl. gebräunte Lyoner

Überbackene Schnitzel

Zutaten

4 Putenschnitzel, Salz und Pfeffer
<u>Panade:</u> ca. 80 g Mehl, 2 große Eier,
ca. 150 g Semmelbrösel
<u>Sauce:</u> 1 Eßlöffel Olivenöl, 1 Knoblauchzehe,
1 Packung passierte Tomaten (500 ml), 100 ml Sahne,
Salz und Pfeffer, 1 Teelöffel gekörnte Brühe
<u>zum Überbacken:</u> 2 Packungen Mozzarella
(Füllgewicht à 125 g)
<u>außerdem:</u> Fett zum Braten der Schnitzel

Zubereitung

Schnitzel klopfen, salzen und pfeffern. Dann zuerst im Mehl wenden, anschließend in den verquirlten Eiern und zum Schluß in den Semmelbröseln.
Fett in der Pfanne erhitzen und die Schnitzel goldbraun braten, dann auf Teller oder in eine feuerfeste Auflaufform legen.
Für die Sauce das Olivenöl erhitzen, die Knoblauchzehe durch die Presse drücken und anbraten. Dann die passierten Tomaten zugeben, aufkochen lassen, die Sahne zugeben und mit Salz, Pfeffer und gekörnter Brühe würzen.
Etwas Sauce über die Schnitzel geben, mit dem in Scheiben geschnittenen Mozzarella belegen und im Backofen überbacken.
Backzeit ca. 15 Minuten bei ca. 200° C.

Beilagen:
Nudeln und gemischter Salat,
restliche Tomatensauce

Yorkshire-Pudding

Zutaten

250 ml Milch,
2 Eier,
1/2 Teelöffel Salz,
140 g Mehl
50 g Butter oder Butterschmalz

Zubereitung

Milch, Eier und Salz in der Küchenmaschine oder mit dem Handrührer kurz verrühren. Mehl hinzugeben, ca. 2 Minuten gut unterrühren.
Den Teig 30 Minuten bis 1 Stunde bei Raumtemperatur stehen lassen.
Das Fett in eine große Auflaufform oder Bratenreine geben. 5 Minuten bei 230° C im Ofen erhitzen.
Auflaufform herausnehmen, Teig noch kurz durchrühren und anschließend in das heiße Fett gießen.
Nicht umrühren!
Auflaufform sofort zurück in den Ofen stellen.
Temperatur auf ca. 180° C reduzieren.
Ca. 10 Minuten backen, bis Pudding goldbraun und aufgegangen ist. Heiß servieren.

Eignet sich gut als Beilage zu Braten.

Zucchiniburger

Zutaten (für 6 Zucchiniburger)

500 g Rinderhackfleisch,
2 Zucchini (ca. 250 g insgesamt),
2 Eßlöffel Sojasauce, Pfeffer, Salz,
1 Eigelb, 1 kleine Zwiebel, Fett zum Braten
außerdem: 6 Hamburgersemmeln, 6 Blätter Salat,
6 Scheiben Tomaten, 1 Zwiebel, etwas Butter

Zubereitung

Zucchini waschen und grob raspeln. Mit dem Rinderhackfleisch vermischen. Die fein gehackte Zwiebel dazugeben, außerdem das Eigelb und die Sojasauce. Alles miteinander gut verkneten.
Mit Salz und Pfeffer würzen. 6 flache Fleischfladen formen und in heißem Fett von beiden Seiten gar braten.
Hamburgersemmeln durchschneiden, toasten, leicht mit Butter bestreichen, mit je einem Salatblatt belegen und darauf die Zucchinifleischfladen, die Tomatenscheiben und die in feine Ringe geschnittene Zwiebel geben.

Die Zucchinifleischfladen eignen sich auch gut zum Grillen, dabei aber hin und wieder mit Öl bepinseln.

Züricher Geschnetzeltes mit Kartoffelwürfeln

Zutaten

1 kg Kartoffeln, 50 g Butterschmalz,
1 Zwiebel, 500 g Kalb- oder Putenfleisch,
250 g Champignons, 4 Eßlöffel Pflanzenöl,
1 Eßlöffel Mehl, Salz, Pfeffer,
150 ml heißes Wasser,
150 g saure Sahne,
Schnittlauch

Zubereitung

Die Kartoffeln schälen und in kleine Würfel schneiden. In einer weiten Pfanne das Butterschmalz erhitzen, die Kartoffelwürfel hineingeben und bei milder Hitze zugedeckt ca. 25 Minuten schmoren lassen. Ab und zu wenden.
In einer anderen Pfanne 2 Eßlöffel Pflanzenöl erhitzen, die kleingehackte Zwiebel und die in feine Scheiben geschnittenen Champignons darin andünsten. Beides aus der Pfanne nehmen. Noch 2 Eßlöffel Öl in die Pfanne geben. Das in dünne Stifte geschnittene Fleisch mit dem Mehl bestäuben und bei starker Hitze in dem heißen Öl ca. 5 Minuten unter Wenden braten.
Die Champignon-Zwiebelmischung zugeben, salzen und pfeffern. Das heiße Wasser angießen, die saure Sahne zufügen und alles gut verrühren. Aufkochen lassen. Evtl. noch nachwürzen. Mit den Kartoffelwürfeln anrichten, mit Schnittlauch bestreuen.

Bananenschaum

Zutaten

3 reife, feste Bananen,
2 Teelöffel Zitronensaft,
3 Teelöffel Weißwein,
2 gehäufte Eßlöffel Zucker,
1/4 Liter Sahne

Zubereitung

Sahne steif schlagen. Die Bananen schälen, in Scheiben schneiden und in einer hohen Schüssel mit Zitronensaft, Wein und Zucker erst kurz pürieren, dann cremig schlagen.
Die Bananenmischung vorsichtig unter die geschlagene Sahne heben, in Servierschalen füllen und vor dem Servieren noch ca. 30 Minuten kalt stellen.

Birnenkompott italienische Art

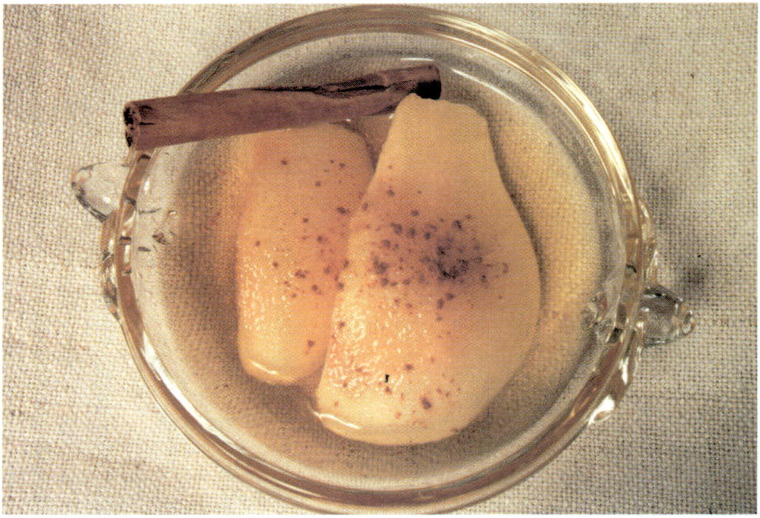

Zutaten

4 Birnen, 100 g Zucker,
250 ml Weißwein,
2 Eßlöffel Zitronensaft,
1 Stange Zimt,
etwas Zimt zum Bestreuen

Zubereitung

Birnen schälen, vierteln, Kerngehäuse entfernen.
Birnen in eine Auflaufform geben.
Zucker, Wein und Zitronensaft miteinander verrühren, Zimtstange zugeben und alles über die Birnen gießen.
Für ca. 1 Stunde bei 150–175° C in den Backofen stellen, dabei Birnen hin und wieder wenden.
Bei Bedarf etwas Weißwein, verdünnt mit wenig Wasser, zugeben.
Erkalten lassen, mit Zimt bestreut servieren.

Dickmilch mit Sauerkirschen

Zutaten

1 Glas Sauerkirschen
(Schattenmorellen, ca. 720 ml),
300 g Dickmilch,
100 g Puderzucker,
5 Blatt Gelatine,
200 g Sahne

Zubereitung

Sauerkirschen abtropfen lassen, im Mixer pürieren. Dickmilch, Sauerkirschenpüree und Puderzucker gut verrühren. Die Gelatine in kaltem Wasser ca. 5 Minuten einweichen. Dann ausdrücken und in wenig heißem Sauerkirschsaft auflösen. Einige Eßlöffel der Sauerkirsch-Dickmilch-Mischung zur Gelatine geben, dann die Gelatinemischung in die Sauerkirschmasse rühren. Gut mischen. Sahne steif schlagen, vorsichtig unter die Masse heben. In Serviergläser füllen und ca. 3 Stunden kalt stellen.

Englischer Apple-Crumble mit Vanillesauce

Zutaten

800 g Äpfel, 100 g Zucker, 100 ml Wasser,
150 g Mehl, 90 g Zucker,
1 gestrichener Teelöffel Zimt, 80 g Butter
<u>für die Vanillesauce:</u> 1/2 Liter Milch,
1/2 Päckchen Vanillepuddingpulver,
1 Päckchen Vanillezucker, 1 Eßlöffel Zucker

Zubereitung

Äpfel schälen, achteln, Kerngehäuse ausschneiden. Mit 100 g Zucker und dem Wasser in einem Topf ohne Deckel dünsten, bis sie außen gar sind, innen aber noch fest.
Abgießen, in eine gefettete Auflaufform füllen.
Das Mehl mit 90 g Zucker und Zimt vermischen, langsam die zerlassene, lauwarme Butter eintropfen lassen und mit einer Gabel vermengen, so daß kleine Klumpen entstehen.
Streusel auf die Äpfel streuen, in den Backofen schieben. Backzeit ca. 15–20 Minuten bei 180° C (bis Streusel hellbraun sind).
Für die Vanillesauce 6 Eßlöffel kalte Milch mit dem Zucker, Vanillezucker und Puddingpulver vermischen. Die restliche Milch zum Kochen bringen. Puddingpulvermischung dazugeben, unter Rühren einmal aufkochen lassen.
Zusammen mit dem Apple Crumble servieren.

Anstatt der Vanillesauce kann man auch Vanilleeis dazu servieren.

Flambierter Ananasgratin

Zutaten

1 Dose Ananas in Scheiben,
1 Apfel, 3 Eßlöffel Zucker,
50 g Butter, 1/2 Glas Rum (hochprozentig),
Vanilleeis,
eventuell etwas Sahne

Zubereitung

Ananas abtropfen lassen. Saft auffangen. Äpfel schälen, Gehäuse ausstechen und in 4 Ringe schneiden. In eine Auflaufform abwechselnd schuppenartig immer 2 Scheiben Ananas und 1 Scheibe Apfel schichten. Mit 50 ml Ananassaft übergießen, den Zucker darüberstreuen und Butterflöckchen darauf verteilen.
Im vorgeheizten Backofen bei ca. 200° C (ca. 30 Minuten) überbacken.
Von Zeit zu Zeit mit einem Löffel den Saft wieder über das Obst verteilen.
Dann den Auflauf aus dem Ofen nehmen, etwas Vanilleeis in die Mitte geben, mit dem Rum übergießen, sofort anzünden. Mit Ananassaft löschen, eventuell mit steifgeschlagener Sahne verzieren und sofort servieren.

Joghurt-Weincreme mit Obstsalat

Zutaten

120 g Zucker, 1/8 Liter Weißwein,
1 Eßlöffel Zitronensaft, 4 Blatt weiße Gelatine,
225 g weißer Joghurt, 1/8 Liter Sahne
<u>für den Obstsalat:</u>
300 g Obst der Saison (vorbereitet gewogen),
3 Eßlöffel Grenadine (Granatapfelsirup)

Zubereitung

Gelatine in kaltem Wasser einweichen. Zucker, Weißwein und Zitronensaft unter Rühren aufkochen lassen, vom Herd nehmen, die ausgedrückte Gelatine darin auflösen. Mischung etwas abkühlen lassen, dann mit dem Joghurt verrühren und ganz abkühlen lassen.
Die Sahne steif schlagen und unter die Creme ziehen, wenn diese zu gelieren beginnt (geht am schnellsten im Gefrierfach). Die Joghurtcreme in Dessertgläser füllen, in den Kühlschrank stellen.
Für den Obstsalat die Früchte in mundgerechte Stücke schneiden, mit dem Grenadine vermischen. Obst auf der Joghurtcreme erst kurz vor dem Servieren anrichten.

Mousse au chocolat

Zutaten

150 g Zartbitterkuvertüre,
3 Eier,
50 g Zucker,
$1/8$ Liter Sahne,
1 Eßlöffel Cognac

Zubereitung

Kuvertüre in kleine Stücke schneiden und auflösen. Eier trennen. Eigelbe mit 20 g Zucker schaumig schlagen, bis sich der Zucker vollständig gelöst hat. Eiweiß mit 30 g Zucker zu steifem Schnee schlagen. Den Cognac zu der Eigelbmasse rühren, dann die aufgelöste Kuvertüre unterrühren. Anschließend die steifgeschlagene Sahne mit dem Schneebesen unterrühren. Zum Schluß den Eischnee vorsichtig mit einem Kochlöffel unterheben. In Dessertgläser füllen, mit Frischhaltefolie abdecken, im Kühlschrank erstarren lassen.

Orangensalat mit Sekt

Zutaten

4 große Orangen (mindestens 1 kg),
2 große Kiwis,
60 g Zucker,
5 Eßlöffel Zitronensaft,
10 Eßlöffel Wasser,
1 kleines Fläschchen trockener Sekt (0,2 Liter)

Zubereitung

Zucker mit Zitronensaft und Wasser in einem kleinen Topf aufkochen lassen und solange rühren, bis sich der Zucker gelöst hat. Abkühlen lassen auf Raumtemperatur. Die Orangen schälen, in Speitel teilen, die weiße Haut entfernen und in mundgerechte Stücke schneiden. Die Kiwis schälen, vierteln, in ca. 1/2 cm dicke Scheiben schneiden. In eine Schüssel geben, vorsichtig vermischen und mit der Zitronensaft-Zucker-Wasser-Mischung übergießen. Mindestens 1 Stunde in den Kühlschrank stellen. Unmittelbar vor dem Servieren mit dem eiskalten Sekt übergießen und noch kurz umrühren.

Schneenockerl auf Heidelbeersauce

Zutaten

Sauce: 300 g Heidelbeeren (frisch oder tiefgefroren),
50 g Zucker, 1 Teelöffel Speisestärke,
wenig kaltes Wasser
Nockerl: 2 Eiweiß, 50 g Puderzucker,
ca. 1/2 Liter Milch

Zubereitung

Die Heidelbeeren zusammen mit dem Zucker einmal aufkochen lassen. Pürieren. Speisestärke mit wenig kaltem Wasser anrühren, in das kochende Heidelbeermus geben. Mus auf Teller verteilen, abkühlen lassen.
Für die Nockerl Eiweiß steif schlagen, Puderzucker einrieseln lassen. Milch zum Sieden bringen – nicht kochen. Mit einem Eßlöffel Nockerl abstechen, in die Milch legen. Einige Minuten warten bis Nockerl aufgegangen sind, vorsichtig umdrehen. Noch kurz in der Milch liegen lassen, mit Schaumkelle herausnehmen, abtropfen lassen.
Nockerl können heiß oder kalt serviert werden.

Tiramisu

Zutaten

4 Eier,
200 g Zucker,
500 g Mascarpone,
200 ml Weinbrand,
100 ml kalter starker Kaffee,
ca. 250 g Löffelbiskuits,
2 gestrichene Eßlöffel Kakao

Zubereitung

Die Eier trennen. Eigelb mit Zucker hellgelb und cremig rühren. Den Mascarpone unterrühren. Dann das Eiweiß zu steifem Schnee schlagen und vorsichtig unter die Mascarponemasse heben.
Eine flache Auflaufform dünn mit Kakao ausstreuen. Die Löffelbiskuits zuerst im Weinbrand, dann im Kaffee wenden, nebeneinander in die Auflaufform legen. Die Hälfte der Mascarponecreme darauf verstreichen. Noch eine Lage getränkte Löffelbiskuits auf die Creme legen, als letzte Schicht die restliche Creme darauf verstreichen. Mit Kakao überpudern. Über Nacht im Kühlschrank fest werden lassen.

Vanillecreme auf Rotweinbirne

Zutaten

300 g Vanillejoghurt,
1 Ei, 50 g Puderzucker,
3 Blatt weiße Gelatine, etwas Wasser,
1/8 Liter Sahne,
400 g Birnen,
1/8 Liter Rotwein,
40 g Zucker

Zubereitung

Birnen schälen, in kleine Stücke schneiden, zusammen mit dem Zucker und dem Rotwein in einen Topf geben und weich dünsten.
Vanillejoghurt mit Eigelb und Puderzucker verrühren. Die in kaltem Wasser eingeweichte und ausgedrückte Gelatine in etwas heißem Wasser auflösen. Drei Eßlöffel Joghurtmasse zur Gelatine geben, dann die Gelatine zum übrigen Joghurt. Gut verrühren. Sobald Creme zu gelieren beginnt, die steifgeschlagene Sahne und das zu Eischnee geschlagene Eiweiß vorsichtig unterheben.
Das abgekühlte Birnenkompott in Dessertgläser verteilen, die Vanillecreme darauf geben. Ca. 1 Stunde kühl stellen.

Abwandlung:
Anstatt der Rotweinbirne Rumtopffrüchte nehmen.

Weißweincreme

Zutaten

$^{3}/_{8}$ Liter Wasser,
$^{1}/_{4}$ Liter Weißwein,
100 g Zucker,
1 Päckchen Vanillepuddingpulver,
1 Ei,
2 Teelöffel Zitronensaft

Zubereitung

Wasser und Zucker in einen Topf geben und zum Kochen bringen. Eigelb, Puddingpulver, Zitronensaft und Weißwein miteinander verrühren und in das kochende Zuckerwasser geben. Unter ständigem Rühren einmal aufkochen lassen.
Eiweiß zu Eischnee schlagen und vorsichtig unter die noch heiße Creme heben. In Dessertgläser füllen und abkühlen lassen.

Zitronenschaum

Zutaten

4 Eier, 100 g Zucker,
75 ml Zitronensaft,
2 Teelöffel gemahlene Gelatine,
2 Teelöffel Gin,
100 ml Sahne,
1 Eßlöffel Zucker für den Eischnee

Zubereitung

Eier trennen, Eigelb mit 100 g Zucker schaumig rühren, bis Masse dicklich ist und sich der Zucker gelöst hat.
Zitronensaft mit Gin mischen, gemahlene Gelatine unterrühren und im heißen Wasserbad auflösen.
Einige Löffel Eigelb-Zucker-Mischung zum Zitronensaft geben, dann diese Gelatinemischung unter die restliche Eigelbmasse rühren.
Sahne steif schlagen, vorsichtig in die Creme rühren. Eiweiß zu Schnee schlagen, 1 Eßlöffel Zucker einrieseln lassen und mit einem Kochlöffel vorsichtig unter die Creme heben. In Dessertgläser füllen und ca. 2 Stunden kühl stellen.

Wiener Kaffee

Zutaten

300 ml Sahne,
1 Teelöffel Puderzucker,
125 g Zartbitterschokolade,
750 ml frisch gebrühter, relativ starker Kaffee

Zubereitung

100 ml Sahne mit dem Puderzucker schlagen, bis sich weiche Sahneberge bilden (nicht steif schlagen!). Zugedeckt in den Kühlschrank stellen. Für die Schokoladenraspel (Verzierung) in schnellen Zügen mit einen Gemüseschäler über die Schokolade streichen. Ca. 3 Teelöffel Raspel zubereiten, die restliche Schokolade in kleine Stücke brechen.
200 ml Sahne in einen Topf geben, bei mittlerer Hitze zum Sieden bringen. Die Schokoladenstücke hinzugeben, vom Herd nehmen, stehen lassen bis Schokolade geschmolzen ist. Glattrühren. Heißen Kaffee in die Schokoladen-Sahne-Mischung geben. Wieder auf den Herd stellen, unter Rühren zum Sieden bringen (nicht kochen).
In Kaffeetassen geben. Mit Schlagsahne auffüllen und mit Schokoladenraspeln verzieren.

mom

A-r

EICHENDORF VERLAG

ISBN 3-930648-19-9